Matías Escalera Cordero

Poemas del tiempo y del delirio

Poems of Time and Delirium

(selección poética / poetic selection)

Prólogo / Prologue: Luis Luna
Translation by Zachary de los Dolores

artepoética
press

Nueva York,
2019

Colección
Rambla de Mar

Poemas del tiempo y del delirio / Poems of Time and Delirium

ISBN-13: 978-1-940075-69-3
ISBN-10: 1-940075-69-6

Translation: © Zachary de los Dolores
Design: © Carlos Velasquez Torres
Cover & Image: ©Jhon Aguasaco
Editor in chief: Carlos Velasquez Torres
E-mail: carlos@artepoetica.com
Mail: 38-38 215 Place, Bayside, NY 11361, USA.

© Poemas del tiempo y del delirio / Poems of Time and Delirium , 2019
Matías Escalera Cordero
© Poemas del tiempo y del delirio / Poems of Time and Delirium, 2019 for
this edition Artepoética Press

Matías Escalera Cordero

Poemas del tiempo y del delirio

Poems of time and Delirium

(Selección poética / Poetic selection)

Colección
Rambla de Mar

Contenido / Contents

Matías Escalera Cordero. El lenguaje como agente del cambio

Dentro de la teoría de Sistemas y especialmente dentro del sistema adaptativo complejo (CAS) la conciencia global se revela como una serie de nodos que trabajan en red. Esos nodos pueden estar en fase activa o en fase pasiva. La fase activa se caracteriza por una creación de conocimiento válido para la comunidad, para el total de la conciencia. En cambio, la fase pasiva se contempla como una etapa de adquisición de nuevo conocimiento para luego poder crearlo. Este trabajo en red es característico de los nuevos tiempos, en donde la suma de individuos es equivalente al global de la conciencia universal. Si observamos bien, aplicándolo a las sociedades contemporáneas, estamos ante una evolución que supone al mismo tiempo una revolución. La tarea de compartir información y significados se produce ininterrumpidamente y se absorbe también por la comunidad de manera ininterrumpida. Este acceso al conocimiento provoca un despertar, una asunción del papel relevante de cada persona en la construcción de su entorno y su camino. Esta asunción supone un cambio exponencial: cada sujeto como tal asume que no es sino dentro de una comunidad y sus mejoras estarán unidas a los cambios positivos que se producen en ella. De ese modo, al asumir un papel de empoderamiento, cambia el *statu quo* del poder, decantando hacia el ciudadano la capacidad de decisión que le niegan las élites y el neoliberalismo, donde ocupa un papel de mero consumidor pasivo y de trabajador (en el mejor de los casos) alienado.

Es ahí donde podemos situar correctamente los movimientos ciudadanos que se han venido desarrollando sin cesar a nivel global: 15M, Occupy Wall Street, Yosoy132 y un largo etcétera. Y ahí es donde podemos situar también la obra de Matías Escalera Cordero (España, 1956). Su creación

9

se desarrolla en muchos frentes literarios –y la utilización de la palabra 'frentes' es, en este caso, muy consciente–, pero el que nos va a interesar en esta introducción es su poesía, una disciplina que no ha dejado de ser nunca agente de cambio en la sociedad, si tenemos en cuenta la importancia de voces como la de Zurita, Nicanor Parra o la de los difuntos Gelman y Benedetti.

El lenguaje como agente del cambio

Vygotski destacó que la principal función del lenguaje es la comunicación, el intercambio social, constituyendo un elemento regulador y controlador de los intercambios comunicativos. Esta visión del lenguaje como agente social es la que debemos explorar si queremos entender la poesía de Matías Escalera dentro de una corriente, la Poesía de la Conciencia Crítica, que propugna la escritura poética como una palanca para el cambio. A esta corriente ha dedicado Alberto García-Teresa un monumental libro titulado expresamente *Poesía de la Conciencia Crítica: 1987-2011*, en donde explora las obras de un nutrido grupo de poetas españoles disidentes, tanto en el ámbito de la política, como de la poesía. En esa exploración, García-Teresa entronca la poesía de la conciencia crítica con la abundante poesía social de los años 50-60 del pasado siglo estableciendo, sin embargo, un matiz diferenciador fundamental: la poesía de la conciencia crítica no se arroga un nosotros, una capacidad del poeta para hablar por los otros como diferentes. Muy al contrario, esta corriente produce sus textos desde el mismo e idéntico espacio que habitan "los otros" a quienes se dirige, porque tanto el poeta como la audiencia pertenecen a la misma base social no elitista ni privilegiada. Por eso mismo, hay en esta corriente tantos modos distintos de entender y abordar el idiolecto poético. Desde lenguajes típicamente realistas hasta lenguajes altamente elaborados y construidos. Tal y como dice Antonio Méndez Rubio, poeta y crítico perteneciente a esta misma corriente, al poder no se le opone ya un contrapoder, sino un antipoder, no un principio de autoridad alternativo, sino un lenguaje que sea capaz de articular una subversión que las élites no puedan controlar, manipular, entender e incluso comprar o vender.

Ese lenguaje es el que precisamente Escalera Cordero articula en su obra. Siguiendo la estela de César Vallejo, y asumiendo los presupuestos la semántica generativa clásica Chomskyana, el poeta se fija no solo en la construcción de un fuerte mundo simbólico, sino también en los aspectos pragmáticos o performativos del lenguaje. Por eso no podemos hablar de un arte realista en cuanto que tal, ya que Escalera Cordero se aparta de lo que se ha venido en denominar poetas "cronistas de lo obvio", sino, más bien, de un arte completamente inmerso en la tarea de buscar la capacidad subversiva del mismo, un arte cuyas palabras puedan servir de discurso y ser, al mismo tiempo, agentes de cambio.

Grito y realidad

La primera entrega poética de Escalera Cordero fue *Grito y realidad* (Baile del Sol, 2008). Se trata de un texto en donde el poeta afirma inmediatamente su voz dentro de un panorama convulso y cambiante. Escrito a finales del pasado siglo y en los primeros años de este, en un entorno en que se anunciaban las consecuencias de la larga crisis económica en la que nos movemos, aunque la mayoría no lo quisiese ver, la palabra poética se rebela contra lo establecido, también contra una tradición poética solipsista o enfrascada en naderías. Para ello, realiza una especie de "estado de la cuestión" tal y como vio el poeta y crítico David Eloy Rodríguez. Se hace así un repaso a las cuestiones palpitantes del momento: especialmente, la conciencia de los efectos de la alienación en un sistema capitalista cada vez más salvaje; la soledad del individuo y sus carencias afectivas en un mundo despiadado y cruel; y la conciencia de la derrota de la izquierda clásica.

Y todo esto a través de un imaginario simbólico ricamente trabajado, que usa la metáfora para poner carne al grito que se anuncia en el título. Esta capacidad metafórica no es vacuidad, sino palabra alzada o contra/palabra frente al poder. La metáfora, concebida como una sinapsis entre el término real y el subjetivo, posee una capacidad de develación de la subjetividad, en cuanto que la realidad no se forma sin el consentimiento o el pacto entre subjetividades que hacen posible esa misma realidad. A mayor capacidad metafórica mayor capacidad de subversión de una tradición que se erige también como dialéctica del poder. Ese es precisamente uno de los posibles combates del poeta y de la poesía: la capacidad para engendrar la palabra es capacidad para engendrar un nuevo estado de las cosas. Siguiendo una dialéctica binaria, el autor va estableciendo no una poética del realismo, sino una poética del compromiso, donde los poemas devienen en testimonio contra el olvido. Y es ahí precisamente donde el lenguaje adquiere unos valores performativos, pues se trata de que el lector haga suyo el texto y se (con)mueva con él. Este valor es acaso una de las características más llamativas del decir poético de Escalera Cordero. La sílaba es también acción y hay por tanto que tenerla en cuenta, que hacerla posible. De esa necesidad surge un alto grado de complicidad entre autor-lector, lo cual explica la repercusión que ha tenido el poeta en estos años y que le ha llevado a situarse como una de las piezas claves de la poesía contemporánea española, incluso en las difíciles circunstancias en que se desarrolla su labor poética por la oposición del canon y de los poderes culturales a poéticas de corte disidente.

Pero no islas

Publicado en el 2009 en la editorial Germanía, el siguiente libro de Matías Escalera supuso un afianzamiento de su voz y, al mismo tiempo, un paso más allá en la propia cosmovisión del autor, que se hace más amplia y compleja. *Pero no islas* es un reconocimiento de la subjetividad del arte enfrentada a la superación del solipsismo. Los sujetos, mediante la memoria y su testimonio, pueden superar la sensación del destructor abandono al que se ven sometidos en las grandes ciudades contemporáneas. Escalera Cordero plantea en el libro un reflejo del macrocosmos en el microcosmos. Solo la detención del instante que supone el poema –y la acción– puede derribar el olvido en el que nos sume la anonimia del ser en la ciudad moderna. Se trata de la creación de una historia colectiva, una historia de los verdaderos protagonistas, ajena a esa enumeración de personajes poderosos en los que devienen los manuales históricos al uso. El verdadero protagonismo es de cada sujeto anónimo y es su memoria la que debe perdurar en el poema. La memoria es por tanto el territorio de la poesía y tiene, como tal, la capacidad para interpelar al lector. Esa construcción artística posee por tanto un valor social, al reconstruir la negada historia de los de abajo tal y como diría el escritor mexicano Mariano Azuela. Esta constatación, marcadamente vitalista es la pulsión protagonista del libro que sigue estableciendo la metáfora y el símbolo como método vertebrador de la subversión del lenguaje heredado, junto con esa característica y sistemática ruptura de los ritmos versales mediante la disposición gráfica de las secuencias o el uso de guiones y paréntesis, que amplían, además, el número de voces que construyen y se implican en el poema.

La segunda parte del libro es marcadamente elegíaca, con una conciencia de derrota que no impide la construcción vitalista de un devenir de lucha. Estos términos aparentemente contrarios se subsumen en una realidad global, la de la memoria en donde la asunción de la pérdida no impide proyectar esas pérdidas hacia el futuro como jalones que conllevan un sostenimiento de la lucha. Se trata de un reconocimiento del precio que se paga por alzarse y es al mismo tiempo una constatación de que el peaje es hasta cierto, punto necesario. En el lenguaje del poema no existen los contrarios de la filosofía occidental: estamos ante una lógica que subvierte también esos principios de manipulación del poder. La derrota y la victoria pasan así a considerarse meros conceptos huecos, que deben llenarse con la carnalidad de la metáfora y el propio imaginario de la voz o las voces que ejercen su perspectiva en el poema. Este principio, que no es nuevo, transmite sin embargo una radical modernidad, pues amplía el debate y hace posible un reencuentro entre la nostalgia y el vitalismo que debe asistir al que se muestra disidente.

Versos de invierno

Publicado en la editorial Amargord en el 2014, este libro de Matías Escalera construye un edificio de lenguaje en donde la elipsis es el recurso que sirve de argamasa para unir los fragmentos que componen el libro. Se trata de un decir incisivo, donde el papel del lector es definitivo. Y esto supone, ya se ha dicho otras veces de su obra narrativa, la construcción de un lector nuevo, no pasivo, aspecto que forma parte de su visión de la obra de arte como un constructo democrático e inclusivo. Si estamos ante un lenguaje concebido como agente del cambio, las relaciones autor / lector no pueden ser las mismas que la tradición sanciona, en la que la posición de poder del artista, que comunica unas verdades inopinables, es absoluta. Esta tentación, incluso presente en cierta poesía comprometida, es hábilmente sorteada por el autor, dejando en manos del lector la construcción total del libro y abriendo su significado a esta ulterior participación. Como es bien sabido, en la especial microsociedad que constituye todo libro de poemas, las relaciones que se producen son, desde un punto de vista pragmático, completamente significativas. Si se subvierten las relaciones tradicionales basadas en un sujeto que emite significados y otro que recibe pasivamente los mismos, se impulsa claramente un cambio en el equilibrio de fuerzas de la literatura, iniciando un desplazamiento hacia posturas donde la inteligencia y la capacidad resolutiva de ambos actantes queda resaltada, eliminando la tiranía del autor.

Como se puede observar en el espacio digital, toda emisión de mensaje debe estar capacitada para absorber los comentarios, las reconstrucciones y las respuestas de otros interlocutores, incluso teniendo en cuenta que esas emisiones no se producen de manera inmediata, sino que pueden demorarse en el tiempo, rompiendo el turno dialógico característico de las emisiones lingüísticas previas a la era digital. Para sortear este escollo, Matías Escalera trabaja con un imaginario común que progresivamente va deslizándose hacia una particular manera de entender ese territorio que se comparte. La voz poética se revela entonces como depósito de memoria que incita a ambos sujetos, al autor y al lector, a repensar(se) exigiéndoles al mismo tiempo que realicen realmente esa *performance* existencial que es tanto el poema como sus propias vidas, en una sociedad en la que tanto poemas como vidas tienden a concebirse como meros simulacros espectaculares.

En tal tesitura, el libro incide en la herida de muerte de la poesía: aquella que la sitúa fuera del mundo real, como un producto fósil y alejado completamente de la ciudadanía. *Versos de invierno* se suma, pues, al esfuerzo por recuperar las posiciones perdidas, por restañar ese alejamiento de una palabra verdaderamente relevante para la comunidad.

Del amor (de los amos) y del poder (de los esclavos)

También publicado por Amargord, esta vez, en el año 2016, el último libro incluido en esta antología personal del autor amplía las posibilidades críticas de su lenguaje, pues establece un discurso fragmentado propio de la constatación posmoderna de la imposibilidad de crear edificios de pensamiento cerrados y unidireccionales. El libro comienza con un prólogo lleno de voces, un prólogo coral en donde varios autores relevantes establecen los lazos de unidad entre la isla que supone cada poeta. Este archipiélago, formado por distintos poetas que alzan su voz contra lo establecido incluye a Matías Escalera en su navegación por las procelosas aguas extrañas al canon. Al hacerlo así tenemos un significante intertextual: su poesía no está sola, no trabaja sola. Es más, su palabra se suma a una tradición por él mismo esbozada en el libro (con múltiples referencias a la literatura española medieval) y, al mismo tiempo, se suma a la tradición reciente de discursos poéticos alternativos e insumisos. Esta manera de comunicación intertextual lo hace especialmente interesante. Si el tema es la subversión de un arquetipo amoroso, es lógico que se investigue en él y se *reescriba* lo que ha permitido un modelo amoroso-sexual que perpetúa las relaciones de poder y la insatisfacción permanente. Se explora por tanto hacia atrás y se inscribe, dentro de una dialéctica materialista, la palabra propia en la historia. La negación del poema como discurso de lo sublime, su interrelación con lo social, sitúa perfectamente la palabra de Escalera Cordero. La herramienta-lenguaje se suma aquí a la posibilidad de establecer otro modelo social, un modelo que incluya a, utilizando la denominación de Mariano Azuela, *los de abajo*, aquellos a los que la alta literatura no suele interpelar, precisamente por su carácter elitista. Y, sin embargo, no podemos llevarnos a engaño, la propia palabra del autor configura alta literatura pues establece, se suma e impulsa un nuevo paradigma: una poesía libre, consciente y destinada a servir como instrumento para la emancipación. Emancipación incluso de los arquetipos que tiñen y condicionan la literatura, predisponiéndola contra sus propios lectores. La maquinaria, perfectamente engrasada, ha funcionado por cientos de años. El lenguaje de Matías, es, como en Metrópolis de Frizt Lang, un utensilio para destruir la máquina poética, tantas veces repetida. Sus textos son, esta vez, sí, auténticas lecciones contra la ponzoña del poder. Una especie de antídotos disponibles para su uso cada vez que lo saquemos de la estantería y abramos, queriendo, sus páginas.

La antología, un modo didáctico

Esta antología que se presenta ahora ha sido preparada para el público estadounidense de habla hispana y angloparlante recoge algunos de los mejores textos publicados hasta la fecha por Matías Escalera Cordero. En ella se incluyen poemas dispersos, recogidos en revistas, junto a textos procedentes de los libros editados. En un intento por armonizarlos, el libro se divide en secciones cuasi/temáticas presentando así la oportunidad, perfectamente prevista por el autor, de que el lector conozca el pensamiento y la obra de una manera uniforme. De ese modo, el lector tiene ante sí una muestra bastante completa de cuál es la poética y la filosofía, o el modo de pensamiento, del autor respecto a aquellos temas que le han resultado trascendentes o vitales. Ese cuidado del lector reafirma lo que ya venimos explicitando a lo largo de este discurso: la intención de que tomemos parte activa tanto en la lectura como en los asuntos vitales de la comunidad, teniendo presente la memoria colectiva y la pulsión salvífica y vitalista del eros. Es, al fin, una visión dialógica de la cultura, una reflexión común, un establecimiento de concordancias desde donde partir hacia una renovación social que implique una mayor responsabilidad no sólo de lo común, sino de cada una de nuestras vidas.

Esa apuesta es, por tanto, doble. De un lado se orienta el papel del poeta en la sociedad actual. De otro, se exige un lector implicado, que sea capaz de enrolarse en el movimiento *performativo* que implican los poemas. Una reflexión común es siempre un paso hacia una acción conjunta. Se comparte un lenguaje, un idiolecto poético y se consigue que este sea un agente para el cambio, fuera de las fronteras de un club de campo selecto (el de los entendidos en poesía) y cercano a aquellos que pueden protagonizar ese cambio. Se recoge el testigo del poema "Masa" de César Vallejo y con él, no se olvida que se está haciendo poema, lo que implica la construcción de un ritmo, de un conjunto de metáforas y de una estructura particular. Verdadera poesía que mira, desde un punto de vista postmoderno a los problemas de siempre, los que aún no se han podido *rescatar de la derrota.*

Luis Luna

Traducción

La traducción al inglés de los poemas y al introducción han estado a cargo del poeta y traductor Zachary de los Dolores.

Matías Escalera Cordero. Language as an Agent of Change.

In Systems theory and especially within the complex adaptive system (CAS) the global consciousness is shown as a series of nodes that work in a network. These nodes can be in active phase or in passive phase. The active phase is characterized by a creation of knowledge valid for the community, for the total of consciousness. On the other hand, the passive phase is considered as a stage for acquiring new knowledge to later be able to create it. This networking is characteristic of the new times, where the sum of individuals is equivalent to the global universal consciousness. If we observe well, applying it to contemporary societies, we are facing an evolution that is at the same time a revolution. The task of sharing information and meanings occurs uninterruptedly and is also absorbed by the community in an uninterrupted manner. This access to knowledge causes an awakening, an assumption of the relevant role of each person in the construction of their environment and their path. This assumption is an exponential change: each subject as such assumes that it is only within a community and its improvements will be linked to the positive changes that occur in it. In this way, by assuming a role of empowerment, the status quo of power changes, transferring to the citizen the capacity for decision denied by elites and neoliberalism, where it occupies a role of mere passive consumer and alienated worker (in best the case scenarios).

This is where we can correctly situate the citizen movements that have been developing ceaselessly globally: 15M, Occupy Wall Street, Yosoy132 and a long list of etceteras. And that's where we can also place Matías Escalera Cordero's (Spain, 1956) work. Its creation takes place on

anti-power, not a principle of alternative authority, but a language capable of articulating a subversion that elite can't control, manipulate, understand or even buy and sell

That language is precisely what Escalera Cordero articulates in his work. Following in the footsteps of César Vallejo, and assuming the presuppositions of the classical generative semantics Chomskyan, the poet focuses not only on the construction of a strong symbolic world, but also on the pragmatic or performative aspects of language. That is why we can't speak of a realistic art as such, since Escalera Cordero departs from what has been called poets of "chroniclers of the obvious", but, rather, forms an art completely immersed in the task of looking for the subversive capacity of the same, an art whose words can serve as discourse and be, at the same time, agents of change.

Grito y realidad/Scream and Reality

Escalera Cordero's first poetic production of was *Grito y realidad* (Baile del Sol, 2008). It is a text in which the poet immediately affirms his voice within a turbulent and changing panorama. Written at the end of the last century, and in the first years of this, in an environment in which the consequences of the long economic crisis in which we live were announced, although the majority did not want to see it, the poetic word rebels against the established, also against a solipsistic poetic tradition or engaged in trifles. In order to do so, he realizes a kind of "state of affairs" as the poet and critic David Eloy Rodríguez saw it. This is a review of the agonizing issues of the moment: especially, the awareness of the effects of alienation in an increasingly savage capitalist system; the loneliness of the individual and his affective deficiencies in a ruthless and cruel world, and the consciousness of the defeat of the classical left.

And all this through a richly worked symbolic

many literary fronts - and the use of the word 'fronts' is, in this case, very conscious - but the one that will interest us in this introduction is his poetry, a discipline that has not ever stopped being agent of change in society, if we take into account the importance of voices such as Raul Zurita, Nicanor Parra or the deceased Gelman and Benedetti.

Language as an Agent of Change

Vygotsky stressed that the main function of language is communication, social exchange, constituting a regulatory element and controller of communicative exchanges. This vision of language as a social agent is what we must explore if we want to understand Matías Escalera's poetry within a current, that of Poetry of Conscience Criticism, which advocates poetic writing as a mechanism for change. Alberto García-Teresa has dedicated a monumental book to this poetry, entitled *Poesía de la Conciencia Crítica: 1987-2011*, where he explores the works of a large group of dissident Spanish poets, both in the field of politics and poetry. . In this exploration, García-Teresa connects the poetry of Conscience Criticism with the abundant Social Poetry of the 50-60s of the last century, establishing, however, a fundamental differentiating nuance: the poetry of Conscience Criticism does not assume a we, the capacity of the poet to speak for others as different. On the contrary, this current produces its texts from the same identical space inhabited by "the others" to whom it is addressed, because both the poet and the audience belong to the same non-elitist or privileged social base. For that very reason, there are so many different ways of understanding and addressing the poetic idiolect in this current. From typically realistic language to highly elaborated and constructed language. As Antonio Méndez Rubio, poet and critic belonging to this same current, says, power is no longer opposed to a counter-power, but an imaginary, that uses the metaphor to put flesh to the shout that is announced in the title. This metaphorical capacity is not emptiness, but raised word or against / word against power. The metaphor, conceived as a synapse between the real and the subjective term, has the capacity for unveiling subjectivity, in that reality is not formed without the consent or the pact between subjectivities that make that same reality possible. The greater the metaphorical capacity, the greater the capacity to subvert a tradition that also stands as power's dialectic. That is precisely one of the possible battles of the poet and poetry: the ability to give the word its ability to generate a new state of things. Following a binary dialectic, the author establishes not a poetics of realism, but a poetics of commitment, where poems become a testimony against oblivion. And that is precisely where language acquires performative values, because it is about the reader making the text their own and moving with it. This value is perhaps one of the most striking features of the poetic voice of Escalera Cordero. The syllable is also action and therefore must take it into account, to make it possible. From that need arises a high degree of complicity between author-reader, which explains the repercussion that the poet has had in these years and that has led him to position himself as one of the key pieces of Contemporary Spanish Poetry, even in the difficult circumstances in which his poetic work is developed by the opposition of the canon and of the cultural powers to poetics of dissenting court.

Pero no islas/But not Islands

Published in 2009 in Germania publishing house, is the following book by Matías Escalera and was a consolidation of his voice and, at the same time, a step further into the author's own worldview, which becomes wider and more complex. *Pero no islas* is a recognition of the subjectivity of art faced with the overcoming of solipsism. The subjects, by means of memory and their testimony, can overcome the sensation of the destructive abandonment to which they are subjected in the great contemporary cities. Escalera Cordero poses in the book a reflection of the macrocosm in the microcosm. Only the halting of the moment that the poem supposes -and the action- can overthrow the oblivion in which the anonymity of being in the modern city sums us up. It is about the creation of a collective history, a history of the real protagonists, alien to that enumeration of powerful characters in which the historical manuals become. The real protagonist is of each anonymous subject and it is their memory that must endure in the poem. Memory is therefore the territory of poetry and has, as such, the ability to question the reader. That artistic construction therefore has a social value, by reconstructing the denied history of those below, as the Mexican writer Mariano Azuela would say. This observation, significantly vitalist is the protagonist drive of the book that continues to establish the metaphor and the symbol as the backbone of subversion of the inherited language, along with that characteristic and systematic break of the uppercase rhythms by means of the graphic disposition of the sequences or the use of scripts and parentheses, which expand, in addition, the number of voices that build and are involved in the poem.

The second part of the book is decidedly elegiac, with an awareness of defeat that does not prevent the vitalist construction of a coming struggle. These apparently contrary terms are subsumed in a global reality, that of memory where the assumption of loss does not prevent projecting those losses into the future as milestones that entail a sustainment of the struggle. It is an acknowledgment of the price that is paid to rise and is at the same time a finding that the toll is, to a certain point, necessary. In the language of the poem there are no opposites of Western philosophy: we are dealing with a logic that also subverts those principles of manipulation of power. The defeat and the victory pass thus to consider themselves mere hollow concepts, that must be filled with the carnality of the metaphor and the own imaginary of the voice or the voices that exert their perspective in the poem. This principle, which is not new, nevertheless transmits a radical modernity, since it broadens the debate and makes possible a reencounter between the nostalgia and the vitalism that must be obtained by the dissident.

Versos de invierno/Winter Verses

Published in Amargord publishing house in 2014, this book by Matías Escalera constructs a language building where the ellipsis is the resource that serves as a mortar to join the fragments that make up the book. It is an incisive saying, where the role of the reader is definitive. And this supposes, as has been said in other moments of his narrative work, the construction of a new, non-passive reader, an aspect that is part of his vision of the work of art as a democratic and inclusive construct. If we are dealing with a language conceived as an agent of change, the author / reader relationships can't be the same as the traditional sanctions, in which the position of power of the artist, who communicates some unthinkable truths, is absolute. This temptation, even present in certain committed poetry, is skillfully drawn by the author, leaving the books construction in the hands of the reader and opening its meaning to this further participation. As is well known, in the special micro-society that constitutes every book of poems, the relationships that are produced are, from a pragmatic point of view, completely significant. If traditional relationships are subverted based on a subject that emits meaning and another that passively receives the same, a change in the balance of forces in literature is clearly impelled, initiating a shift towards positions where the intelligence and the capacity of resolution of both participants is highlighted, eliminating the tyranny of the author.

As can be observed in the digital space, any message must be able to absorb comments, reconstructions and responses from other interlocutors, even taking into account that these emissions do not occur immediately, but may be delayed in time, breaking the dialogical turn characteristic of the linguistic emissions previous to the digital age. To overcome this obstacle, Matías Escalera works with a common imaginary that progressively moves towards a particular way of understanding that territory is shared. The poetic voice is then revealed as a repository of memory that incites both subjects, the author and the reader, to rethink themselves) while demanding that they actually perform that existential performance that is both the poem and their own lives, in a society in which both poems and lives tend to be conceived as mere spectacular of simulacrum.

In such a situation, the book touches the death wound of poetry: that which places it outside the real world, as a fossil product and completely removed from citizenship. *Versos de invierno/ Winter verses* adds, then, to the effort to recover the lost positions, to stop the distancing from a word truly relevant to the community.

Del amor (de los amos) y del poder (de los esclavos) / Of the Love (of the masters) and of the Power (of the slaves)

Also published by Amargord, this time, in 2016, the author's last book broadens the critical possibilities of his language, since it establishes a fragmented discourse typical of the postmodern observations of the impossibility of creating closed and unidirectional buildings of thought. The book begins with a prologue full of voices, a choral prologue where several relevant authors establish the tie of unity between the island that each poet assumes. Thi archipelago, formed by different poets who raise their voice against the established, includes Matías Escalera in hi navigation through the stormy waters strange to the canon In doing so we have an intertextual signifier: his poetry i not alone, it does not work alone. Moreover, his words are added to a tradition he himself outlined in the book (with multiple references to medieval Spanish literature) and, a the same time, adds to the recent tradition of alternative and insubstantial poetic discourses. This way of intertextua communication makes it especially interesting. If the subject is the subversion of a loving archetype, it is logica to investigate it and rewrite what has allowed a love-sexua model that perpetuates power relations and permanen dissatisfaction. It is explored, therefore, backwards and inscribes, within a materialist dialectic, the proper word in history. The negation of the poem as a discourse of the sublime, its interrelation with the social, perfectly situates the words of Escalera Cordero. The tool-language adds here to the possibility of establishing another social model a model that includes, using the name of Mariano Azuela those below, those to which high literature doesn't usually address, precisely because of its elitist nature. And yet, we can't be deceived, the author's own words configure high literature because it establishes, adds and drives a new paradigm: a free poetry, conscious and intended to serve as an instrument for emancipation. Emancipation even of the archetypes that stain and condition literature, predisposing it against its own readers. The machinery, perfectly oiled, has worked for hundreds of years. The language of Matías, is, as in Metropolis by Frizt Lang, an instrument to destroy the poetic machine, so many times repeated. His texts are, this time, yes, authentic lessons against the poisonous power. A kind of antidotes available for use every time we remove it from the shelf and open, wanting, its pages.

An Anthology, a Didactic Approach

This anthology that is presented now has been prepared for the Spanish-speaking and English-speaking American public gathers some of the best texts published to date by Matías Escalera Cordero. It includes scattered poems, collected in magazines, along with texts from published books. In an attempt to harmonize them, the book is divided into quasi-thematic sections, thus presenting the opportunity, perfectly foreseen by the author, for the reader to know the thoughts and the work in a uniform way. In this way, the reader has before him a fairly complete sample of what is the poetics and philosophy, or the way of thinking, of the author with respect to those topics that have been transcendent or vital. This care of the reader reaffirms what we have been explaining throughout this introduction: the intention that we take an active part both in reading and in the vital affairs of the community, keeping in mind the collective memory and the salvific and vitalist impulse of eros. It is, finally, a dialogical vision of culture, a common reflection, an establishment of concordances from which to start towards a social renewal that implies a greater responsibility not only for the communal, but for each of our lives.

That bet is, therefore, double. On the one hand, the role of the poet in today's society is oriented. On the other, an involved reader is required, who is able to enroll in the performative movement implied by the poems. A common reflection is always a step towards a joint action. A language, a poetic idiolect is shared and it is achieved that this is an agent for change, outside the borders of a select field club (that of the poetry connoisseurs) and close to those who can lead this change. The witness of the poem "Masa" by César Vallejo is collected and with him, he does not forget that a poem is being made, which implies the construction of a rhythm, a set of metaphors and a particular structure. True poetry that looks, from a postmodern point of view to the usual problems, those that have not yet been able to rescue from defeat.

Luis Luna

Translation

The translation into English of the poems and introduction have been in charge of the poet and translator Zachary de los Dolores.

Poemas del tiempo y del delirio

(*selección poética*)

Poems of Time and Delirium

(poetic selection)

Para que no quepan dudas

So There Is No Doubt

A mis iguales
[Pero no islas, 2009]

> *Mañana*
> *la calle se llenará de nuestras voces...*
> Vladimir Maiakovski

Sí: será mañana...

Arrojaremos perlas y margaritas a los cerdos...

Hasta que el fango se cubra de perfume
Y de nácar

Y el barro quede cubierto de pétalos impares
Arrancados

Y los hocicos hartos de belleza: ahítos para siempre
(de entusiasmo lírico) Y nos aplaudan
A rabiar porque hayamos vencido...

Y nuestro suicidio no sea ya nunca
Necesario

Y las calles estén llenas −a rebosar− de nuestras voces...

De perlas y de pétalos impares
Arrancados

To My Equals

> *Tomorrow*
> *the street will fill with our voices…*
> *Vladimir Mayakovski*

Yes: it will be tomorrow…

We will throw pearls and daisies to the swine…

Until the mud is covered with fragrance
And with nacre

And the dirt is covered with odd numbered petals
Ripped out

And the snouts tired of the beauty: satiated forever
        (of lyrical enthusiasm) And they applaud us
In rage because we have won…

And our suicide isn´t now ever
Necessary

And the streets are full –over flowing– with our voices…

Of pearls and odd numbered petals
Ripped out

Ciudades / Fronteras / Delirio

Cities / Borders / Delirium

De vita breve
[Grito y realidad, 2008]

Si tenemos el desastre ahí delante de nosotros
por qué no lo vemos.
....

De Vita Breve

If we have the disaster there in front of us
why don´t we see it.
....

Graffitto
[*Grito y realidad*, 2008]

Dicen: Patria –*patrón*
patraña– y exhiben cadáveres profanados.

Dicen: Nación –*paredón*
celebración– y creen justificada la soledad de sus víctimas.

Dicen: Dios –*deuda*
deudor– y descoyuntan al hombre sumiso.

Agitan banderas –*banderolas*
bandidos– cuando repiten: Dios Patria Nación
y tiemblo.

Graffitto

They say: Homeland –boss
fable- and exhibit desecrated cadavers.

They say: Nation –wall
celebration– and believe the loneliness of their victims
/justified.

They say: God –debt
debtor– and disarticulate the submissive man.

They wave flags –pennants
bandits– when they repeat: God Homeland Nation
and I tremble.

Los papeles de la vida
[Grito y realidad, 2008]

Cien doscientos trescientos
una noche dos noches tres noches
un día dos días tres días
la vida un papel un tampón (¡pam!)
la vida
cien doscientos trescientos
la calle una acera una noche dos noches tres noches
qué importa sus vidas
su dolor
su frío
es la vida (dice la mujer bajita: los papeles son nuestra vida)
no importa el frío la calle el dolor la humillación de los
/trescientos
estos no son los trescientos héroes de Termópilas ninguno
/se llama Leónidas
ninguno parará la historia
un tampón (¡pam!)
un papel la vida su vida
y la calle
y las aceras
y las noches (una dos tres)
y la humillación encima de las aceras
no importa sólo importa la vida un papel un tampón (¡pam!)
en un papel (¡pam! la vida)
y la vida su vida
de los cien de los doscientos de los trescientos
cada día cada noche cada papel cada vida (¡pam!) trescientos
/papeles
vidas tampones (ninguno se llama Leónidas cien doscientos
trescientos reyes de Esparta
defienden sus vidas)

Life´s Papers

One hundred two hundred three hundred
a night two nights three nights
a day two days three days
life a paper a tampon (bam!)
life
One hundred two hundred three hundred
the street a sidewalk a night two nights three nights
do their lives matter
their pain
their coldness
it´s life (says the short woman: the papers are our life)
doesn´t matter the coldness the street the pain the humiliation
/of the three hundred
these are not the three hundred heroes of Thermopylae no
/one is named Leonidas
no one will stop history
a tampon (bam!)
a paper Life their life
and the street
and the sidewalks
and the nights (one two three)
and the humiliation on the sidewalks
doesn´t matter only life matters a paper a tampon (bam!)
in the paper (bam! life)
and life their life
of the one hundred two hundred three hundred
every day every night every paper every life (bam!) three
/hundred papers
life tampons (no one is named Leonidas one hundred
/two hundred
three hundred Kings of Sparta
defend their lives)

Hombre de rodilla
[Pero no islas, 2009]

Los estadios están llenos: pero yo estoy solo
Los almacenes: *en rebajas* (y sigo solo)
Los cruces: atestados de muertos accidentales (a los que
nadie llora) Y las estaciones
Y los aeropuertos rebosan de seres satisfechos
Habladores y esperanzados...

Entonces me arrodillo y extiendo la mano (pues hasta la luz
estaré solo)

Alguien grita: levántate (ten dignidad: dicen)

...

Es justo acaso pedirle a un hombre de rodillas
            (desde la altura de las estaciones: de los aeropuertos
                                    /que se levante
Que no mendigue misericordia (ni cigarrillos siquiera)
Si cuando se levanta se encuentra
Solo (sin misericordia: ni cigarrillos) Entre gentes
                        /esperanzadas y parlanchinas

Kneeling Man

The stadiums are full: but I´m alone
The warehouses: during discounts (and I continue to be alone)
The intersections: attestations of accidental deaths (of whom
nobody weeps) And the stations
And the airports overflow with satisfied beings
Chatty and hopeful…

Then I kneel and extend my hands (for even in the light
I will be alone)

Someone yells: stand up (have dignity: they say)

…

Is it perhaps just to ask a kneeling man
            (from the heights of the station: of the airports) that
                                                /he stands
That he not beg mercy (nor even cigarettes)
If when he gets up he finds himself
Only (no mercy: nor cigarettes) Amongst the hopeful and
                                                /talkative people

Sufrimiento
[Pero no islas, 2009]

Si no te doblegas (te rindes: te resignas) Sufrirás...

Nuestro nombre es sufrimiento (contestó)

El aire que respiramos es sufrimiento
La sangre que corre por nuestras venas es sufrimiento
Nuestro pasado
Nuestra estirpe
Nuestro presente
Nuestro futuro... (todo en nosotros es estupor
        y sufrimiento: hasta el día de la satisfacción)

Suffering

If you don´t bow down (give up: resign) You will suffer…

Our name is suffering (he answered)

The air that we breath is suffering
The blood that runs through our veins is suffering
Our past
Our lineage
Our present
Our future… (all in us is stupor
       and suffering: until the day of satisfaction)

Despertar
[Pero no islas, 2009]

Despertar despierto (quién pide la vigilia si despertar dormido
       nos apacigua) Despertar: despierto a qué…

A la desazón o al miedo (y aun así debes hacerlo)

Aprensión inexpresable (sin la fe ni el coraje de detrás
       del espejo) Y la lánguida desesperanza

       (a este lado del espejo) Las mañanas se untan
                             /de mantequilla
Y las calles grises se hornean como hogazas con el dolor
Y la confusión
De los durmientes dormidos (y de los vigilantes: al otro lado
       también del espejo)

Extraño insoportable malestar casi sin nombre (o vagamente
       nombrado ya: intemperie y desamparo)

Miedo (y turbación comprensible: en ambos lados)

Despertar a qué…
Vigilar con qué fin…

Los dueños de la Quimera (impunes entre tanto: a este lado
       del espejo) Entornan
Blandamente los ojos (como untan las madres la mantequilla
                             /templada)
Y toman el sol sobre hamacas
De piel (mientras se extiende esa aprensión inasible
       y amarillenta –huérfana ahora– por las calles grises
       horneadas como hogazas
       con el dolor

To Wake

To wake awake (who asks for wakefulness if to wake asleep
        appeases us) To wake: awake to what…

To the uneasiness or the fear (and even so you should do it)

inexpressible apprehension (without faith nor courage
                                                /behind
        the mirror) And the limitless despair

        (this side of the mirror) The mornings are slathered
                                                /with butter
And the grey streets are baked like loaves with pain
And confusion
Of the sleeping sleepers (and of the vigilant: also on the
                                                /other side
        of the mirror)

Strange unbearable discomfort almost without a name
                                                /(or vaguely
        now named: neglect and abandonment)

Fear (and understandable embarrassment: on both sides)

To wake to what…
To watch over for what purpose…

The owners of the Chimera (impunity meanwhile:
                                                /on this side
        of the mirror) They close
Softly the eyes (as mothers spread the warm butter)
And sun bathe in hammocks
Of skin (while that intangible apprehension and yellowish
        extends –orphan now– through grey streets
        baked like loaves
        with pain

49

y la confusión de los forzadamente despiertos)
/Y las mañana
Lejanas (a este lado del espejo: también) Del mundo
/se suceder

Y alguien que no eres tú exige (al otro lado) Desperta
despierto

Quién pide la vigilia (despertar a qué…)

Y aun así debes hacerlo (e internarte limpio y afeitado
en la luz)

and confusion of those forced awake) And
                                    /the mornings
Far (from this side of the mirror: also) Of the world happens

And someone who isn´t you requires (the other side)
                                    /To wake awake

Who asks for wakefulness (to wake to what)

And even so you should do it (and stop yourself clean
                                    /and shaven
        in the light)

Cómo sufre un mesías
[Grito y realidad, 2008]

Escarba en la llaga (te digo: sin compasión ya: agotada)
Toma tu visa oro y escarba en el costado (rebaña bien
              agua: carne: sangre)
Y si aún dudas mete tu mano: tu antebrazo: tu brazo
Entero hasta el hombro

Asegúrate (para siempre: ya) del dolor
De la sangre: de la muerte que avanza
Y me vence (vencido desde el principio: vencido
              por esta llaga y por el plástico que lacera las entrañas
                            /de esta apuesta
              insensata por la compasión y la fatiga)

Rebusca –ahonda– el dolor insufrible
La pena cósmica
De una derrota cósmica también (desde el principio vencido
              por el plástico y el oro)

Qué muerte tan inútil (tan sinsentido: y qué soledad
              también)

Por eso te digo (no me importa: rendido como estoy
              sometido al dolor y a la tortura: varón de varones)
                            /escarba y comprueba
Si la llaga es auténtica (son tiempos difíciles: como todos los
                            /tiempos
              ni más ni menos) Por eso mete la mano y escarba
Notarás –eso sí– estremecerse el pulmón magullado (desde
                            /antes del tiempo
              contraído por el ahogo
              y la angustia de una sospecha –apenas presentida–
                            /que se cumple)

How a Mesiah Suffers

Scratch at the wound (I tell you: now without compassion:
/exhausted)
Take your gold visa and scratch at the ribs (slicing well
water: flesh: blood)
And if you still doubt shove your hand: your forearm:
/your whole
Arm up to the shoulder

Make sure (forever: now) of the pain
Of the blood: of the death that advances
And defeats me (defeated since the beginning: defeated
by this wound and by the plastic that lacerates
/the bowels of this senseless
bet for compassion and fatigue)

Rummage –deepen– the insufferable pain
The cosmic sorrow
Of a cosmic beating also (since the defeated beginning
by the plastic and the gold)

Such a useless death (so meaningless: and what loneliness
too)

Hence I tell you (I don´t care: rendered as I am
subject to the pain and the torture: male of men)
/scratch and check
If the wound is authentic (it is hard times: as all times
neither more or less) Hence shove in your hand
/and scratch
You will notice –yes– the shivering of the bruised lung (since
/before time
collapsed by the drowning
and the anguish of the suspicion –barely presaged–
/that is fulfilled)

Aprieta (te digo: y remueve sangre: carne: agua) Hunde
/el antebrazo: y el brazo
Antes de tomar el autobús cuarenta y dos
Antes de decidir el menú
Antes del primer chiste de la mañana
Antes del primer contratiempo (de la primera mirada)
Antes de contestar esa pregunta
Y de la primera huida (de sentarte: y dar la espalda)
Y decidir no hacer nada que ponga en peligro nada
Antes –en fin– de sacar de tu bolsillo la moneda que
/equilibrará el mundo
Con su danza
Antes de que caiga y todo se esfume (también la memoria
/de lo innegable)
Definitivamente (aprieta: te digo)

Que la congoja insoportable
Me transporte –y te transporte– al inicio (justo antes
/del dolor
y de la llaga) Antes del plástico y del oro: de la sangre:
/de la carne: del agua

Para que veas cómo sufre un mesías (aprieta: no te desvíes)
Adelanta –por mí– el fin

Squeeze (I say: and stir up the blood: flesh: water) Sink
/the forearm and arm
Before taking bus number forty two
Before deciding on the menu
Before the first joke of the morning
Before the first setback (of the first glance)
Before answering that question
And of the first escape (of sitting: and turning your back)
And deciding to do nothing that puts in danger anything
Before –finally– taking out of your wallet the coin that will
/balance the world
With your dance
Before that it falls and all fades (also the memory
/of the undeniable)
Definitively (squeeze: I tell you)

That the unbearable grief
Takes me –and takes you– to the start (just before the pain
and the wound) Before the plastic and the gold:
/of the blood: of the flesh: of the water

So that you can see how a messiah suffers (squeeze:
/don´t look away)

Forward –for me– the end

Conformidad de una víctima probable
[Pero no islas, 2009]

Alguien nos mira con mirada agotada y rencorosa
                    /(o quizás sea una mirada
        triste después de todo: y me he confundido
                            /y el renco
        y la tristeza son la misma desdicha)

La mirada mira de fuera a dentro nuestra obscena alegría
De vivir (y de morir: inútilmente) Y nuestro derroche
                            /(de risas
        y de muecas cortantes)

La mirada ahora es aún más turbia: casi amarilla
                    /(con el amarillo sucio del hambre
        y de la malaria: o como el amarillo pálido del marfil
        de contrabando) Y nos observa escondida detrás
                        /de los alambres..

Carcajadas de hienas satisfechas (digo que observa de fuera
        a dentro) La encienden
Y la inyectan: es la espera insufrible del control
De aduanas (y de los estrechos que cruzar: o los mares
                            /que morir)

Encendida: inyectada al fin: roja de furia (furia que arrastra
                        /no le demos
        más vueltas a un asunto tan claro
        tan sencillo) Mi asesinato (no busquéis culpables:
                        /en esa mirada
        al menos) Está justificado

No le demos –pues– más vueltas: sentados
En nuestras terrazas… (en el negro rectángulo tampoco
        hay respuestas)

Conformity of a Probable Victim

Somebody stares at us with an exhausted and spiteful look
                              /(or perhaps a sad look
        after all: and I have confused myself and the spite
        and the sadness are the same thing)

The look stares from outside in on our obscene happiness
Of living (and of dying: uselessly) And our waste
                                        /(of laughter
        and cutting faces)

The look now is even murkier: almost yellowish
                        /(with the dirty yellow of hunger
        and of malaria: or like the pale yellow of contraband
        ivory) And observes us hidden behind the wires…

Laughter of satisfied hyenas (I say observe from outside
        in)They burn it
And inject it: it is the insufferable hope of control
Of customs (and of straights to cross: or the seas to die)

Lit: injected in the end: red fury (fury that drags down:
                                        /Let's not
        think about such a clear and simple
        affair) My murder (don't look for culprits:
                                /in this stare
        at least) It's justified

Let's not –then– think about: seated
In our terraces…(in the black rectangles there are also
        no answers)

Sigamos bebiendo (a mí –el muerto– vodka bien frío
/por favor...)
Como si nada sucediese: como si esa mirada
No nos mirase de fuera a dentro (y no existiese:
/tal vez no exista pero
su mera posibilidad nos marca)

No os escandalicéis –pues– de mi sangre derramada
/(ni de mis vísceras
estrelladas contra el cristal: lleguemos a la conclusión
que lleguemos ahora) Soy culpable

O quizás otros lo sean por mí (poco o nada importa:
/esa mirada que mira
de fuera a dentro no repara en matices)
/Y luego está el odio inocente

We continue drinking(to me –death– very cold vodka
/please…)
As if nothing happened: as if that stare
Wasn't staring at us from outside in (and didn't exist:
/maybe it doesn't exist but
its mere possibility has marked us)

Don't be scandalized –then– of my spilt blood
/(nor of my entrails
splatted against the glass: we arrived at the conclusion
that we arrive at now) I'm guilty

Or maybe others are for me (little to nothing is important:
/that stare that looks
from outside in doesn't make good in nuances)
/And after there's the innocent hate

Infanticidio
[Pero no islas, 2009]

Cállate hija
Ya lo sé: son doce horas

Ya sé que nuestros días van de la noche
A la noche (bien que lo sé: déjame que acabe este
       último cigarro)

No es preciso que me lo recuerdes con tu llanto

Cállate hija ya lo sé: doce horas pesan sobre el alma
De un niño (y sobre la de un hombre también: hija
       calla
       calla) Lo sé bien

Lo sé bien pero déjame que apure este cigarro

No es mía toda la culpa

De que nuestros días vayan de la noche a la noche
Que sean en realidad la noche

Sólo hija esta calada: no llores más…

El último cigarro (no llores: hija lo sé)

Doce horas entre cuatro paredes y doce metros cuadrados
Y el aire viciado (y las sonrisas fenicias: cuando te repiten
       pero ya sabe los servicios extra se pagan extra)

No llores hija mira ya es la última
Quédate ahí
No te abalances contra el abismo (es sólo una escalera: lo sé)
El abismo

Infanticide

Hush daughter
already know: its twelve hours

already know that our days go by night
At night (I really know: let me finish this
        last cigarette)

It isn't necessary that you remind me with your cries

Hush daughter I already know: twelve hours weigh
                                        /on the soul
Of a child (and on that of a man as well: daughter
        hush
        hush) I really know

I really know it but let me hurry this cigarette

It's not all my fault

That our days go by the night at night
That they are in reality the night

Daughter only this puff: no more crying…

The last cigarette (don't cry: daughter I know)

Twelve hours between four walls and twelve squared meters
And the stale air (and the Phoenician smiles: when they
                                        /repeat to you
        that you know extra services cost extra)

Don't cry daughter look now it is the last
Stay there
Don't balance against the abysm (it's only a staircase:
                                        /I know)
The abysm

61

Ayer no tuve yo la culpa créeme fue la noche
Que me engulló y me atrajo hacia sí (literalmente
/me embebió: hija

Me embebió hija no llores ha sido duro el día
Y la oscuridad nos ha tragado (una vez más:
/no te das cuenta) La noche
Otra vez

No te acerques al último peldaño te espera (nos espera)
El abismo

Aunque se trate tan sólo de una escalera
Del último peldaño (si caes puedes matarte
morir
oh si murieses) Aquí mismo
Sí ahora no (sí: oh si murieses)

No es culpa nuestra hija: ni los doce metros cuadrados
Ni el aire viciado que respiras
Ni este deseo repentino del abismo (que nos llama)
Que te llama

Comprendo ahora (Dios no me lo permita) La mano
/que empuja
Que ayuda al abismo
Y lo lleva hacia ti hija (tan sólo un cigarrillo más
y nos encaminaremos juntos hacia la noche)
/Un día más

Yesterday I wasn´t at fault believe me it was the night
That swallowed me and took me towards it (literally
                              /it soaked me up: daughter)

It soaked me up daughter don´t cry the day has been hard
And the darkness has swallowed us (once again:
                              /don´t you realize) The Night
Once again

Don´t go close to the last step it waits for you (for us)
The abysm

Even though it´s only a step
From the last step (if you fall you can kill yourself
        Die
        oh if you died) Right here
Yes now no (yes: oh if you died)

It isn´t our fault daughter: nor the twelve squared meters
Nor the stale air that you breathe
Nor this sudden desire of the abysm (that calls us)
That calls you

I understand now (God won´t let me) The hand that pushes
That helps the abysm
And carries it towards you daughter
                              /(only one more cigarette
        and we will walk together towards the night)
                              /One more day

Cien veces muerto (cada día)
[Pero no islas, 2009]

Hoy he muerto cien veces encima de los puentes

(¿es que no lo entiendes?) Cien veces debajo de los puentes

Cien veces encima del asfalto
Cien veces debajo del asfalto...

Hoy (o tal vez fue ayer
y antes de ayer también) He sido desplazado
Arrojado recibido despedido vapuleado colgado arrancado...

He muerto cien veces (como muere un perro) Cien veces
Sobre el asfalto y cien veces bajo el asfalto...

Sobre los puentes y bajo los puentes (no me hables
/del último
plazo ni de nuestros hijos: tampoco de tus sueños) Calla
Ven: sólo acércate y acuéstate a mi lado...

Y acaríciame mientras duermo...

...

Del cansancio nace la luz
En la oscuridad vuelvo a ti (sin sueños)

One Hundred Times Dead (Each Day)

Today I have died one hundred times on the bridges…

>   (perhaps you don´t understand it?) One hundred
>   /times below the bridges

One hundred times on the street
and one hundred times below the street…

Today (or maybe it was yesterday
        and before yesterday as well) I have been displaced
Thrown out received released thrashed hung torn out…

I have died one hundred times (as a dog dies)
                                /One hundred times
On the street and one hundred times below the street…

On the bridges and under the bridges (don´t speak to me
        about the last payment nor of our kids:
                        /nor of your dreams…) Be silent
Come: simply come close and lie at my side…

And caress me while I sleep…

…

Of the tiredness light is born
In the darkness I return to you (without dreams)

Vivir eternamente quieren los muertos
[Pero no islas, 2009]

Quien desea vivir eternamente: me digo
No ha vivido
Y ni dos eternidades le bastarán...

Quienes han vivido –ahora lo sé– desean morir...

Y una eternidad tan sólo les bastará

To Live Eternally Desire The Dead

Who desires to live eternally: I say
Have not lived
And not even two eternities will be enough for them…

Those who have lived –now I know– want to die…

And an eternity will only be enough for them

Lobo estepario
[Grito y realidad, 2008]

En la escuela (al final
            del bachillerato) tuve un compañero
Que quería ser lobo estepario

No sé si él lo consiguió (ni si comprendió
            de verdad el compromiso adquirido…)

Yo sí (y es duro)

No es en sí la condición
De serlo (al fin a todo se acostumbra uno…)
Es resistir cada día la tentación
De devorar a los tuyos

Steppe Wolf

In school (at the end
        of high school) I had a companion
That wanted to be a steppe wolf

I don´t know if he achieved this (nor if he understood
        truthfully the actual commitment…)

I do (and it is hard)

It isn´t in the condition
Of being it (in the end one gets used to everything…)
It is resisting every day the temptation
To devour those close to you

Punto y medida de las cosas
[Grito y realidad, 2008]

Los hijos de Abraham
se devoran
al fin
y nos devoran al amparo de la noche –gritaron
                              /mientras los degollaban
con la indiferente desesperación de los que están
                              /acostumbrados a sufrir–

El hijo del carpintero -respondí- yace también muerto
bajo una cúpula de cincuenta metros
sin testigos
–Buonarroti certificó su muerte– En el espacio –dijo–
                              /ha quedado establecida
de una vez para siempre la perfección de la nada
y los gritos la circunvalarán
inútilmente.

A las puertas de Argel
o en las calles de Hebrón
–y bajo la columnata de Bernini– los ancianos
                              /han derramado lágrimas
de desaliento –con la indiferente desesperación
de los que están acostumbrados a sufrir–.

Qué extraño siglo este para los hijos de Abraham
–se decían unos a otros– no hemos aprendido
                              /gran cosa en Auschwitz

Point and a Half of the Things

The sons of Abraham
devour themselves
in the end
and devour us under the protection of night –they screamed
                                    /while they were beheading
with indifferent hopelessness of those who are
                                    /accustomed to suffering–

The son of the carpenter –I respond– also lays dead
under a dome of fifty meters
without witnesses
–Buonarroti certified his death– In the space –said–
                                    /had established
for once and forever the perfection of nothingness
and the screams uselessly
will encircle it.

At the gates of Argel
or in the streets of Hebron
–and under the columns of Bernini– the old have shed tears
of discouragement –with the indifferent hopelessness
of those who are accustomed to suffering-.

What a strange century this one for the sons of Abraham
–they were saying one to another– we have not learned
                                    /great things in Auschwitz.

Ovejas silenciosas
[Grito y realidad, 2008]

Hacía tiempo que no tomaba el tren de cercanías
Todos íbamos silenciosos y abstraídos
Nadie hablaba con nadie (resultaba inquietante
      y turbador ese silencio de la multitud
      desplazándose)

Pero alguien acaso ha visto hablar alguna vez a las ovejas
Cuando –amontonadas– se encaminan en esos
                        /enormes camiones
A los mataderos…

Silent Sheep

Been a while since I took the neighborhood train
We all went along silently and preoccupied
No one was talking with anybody (it was
        disturbing and troubling this silence of the moving
        multitude)

But has anybody some time ever seen the sheep speak
When –packed together– in route in those enormous trucks
To the slaughterhouse…

La piel de la maquina
[Grito y realidad, 2008]

> *Ainsi conçu, l'univers était si simple, qu'on l*
> *représentait au complet, avec sa vraie figure e*
> *son mouvement, dans certaines grande*
> *horloges machinées et peintes..*
> Anatole France. Le jardin d'Epicur

La máquina es mía la máquina rodante es
                              /(no es: soy yo su dueño
Mi piel

Va (voy) conmigo y me trae
Y me lleva (y me canta y me arrulla: cuando la fatiga
        me rinde) Membrana metálica
E inexpugnable

Me protege

Por ella (yo: la máquina su dueño) levanto el puño
A mis semejantes (los agravio
Y los desprecio) Me humillo
Me someto

Mato (mata: la máquina me trae
        me lleva
        no soy –soy– ella mi piel es dermo-termo-elástica
        maleable y dúctil: por ella –yo: la máquina su dueño–
                              /levanto el puñc
        insulto –y desprecio a mis semejantes– me humillo
                              /me sometc
        mato: el universo entero –yo su dueño–
                              /contenido en ella)

The Machine's Skin

> *Ainsi conçu, l'univers était si simple, qu'on le*
> *représentait au complet, avec sa vraie figure et*
> *son mouvement, dans certaines grandes*
> *horloges machinées et peintes...*
> Anatole France. Le jardin d'Epicure

The machine is mine the rolling machine is
/(isn't: I'm its owner)
My skin

It goes (I go) with me and brings me
And it carries me (and sings to me and coos to me:
/when weariness
surrenders me) Metallic and impregnable
Membrane

Protects me

For it (I: the machine its owner) I raise the fist
To my fellow beings (I offend
and depreciate them) I'm humbled
I submit

I kill (kill: the machine brings me
carries me
I'm not –am– it my skin is dermo-thermo-elastic
malleable and ductile: for it –I: the machine
/its owner– I raise the fist
insult –and sneer at my fellow beings– I'm humbled
/I submit
I kill: the whole universe –I its owner– contained by it)

Islas no
[Pero no islas, 2009]

No somos islas (islas no –gotas oceánicas– islas
        solas: islas –briznas– solas
no –contra los vientos– islas –sitiadas: migas
de polvo– islas no)

No (no somos islas
        solas –exhalaciones– islas –destellos– dispersas
solas islas
no –contra las negras tempestades– desperdigadas
        islas no –gotas: en océanos– islas
aisladas no)

No somos islas (sitiadas pizcas –dentelladas–
                      /de polvo: aisladas
        islas –briznas– islas
        islas –hebras– aisladas islas solas islas
        islas –no– solas
        islas cercadas –arrinconadas: quizás– contra
                      /los vientos grises
pero islas solas no)

Olas solas (perdidas olas –olislas– motas: girones
oceánicos: sí pero no islas)

Barridos –dispersos: desconcertados– por el Huracán
                  /(sí pero no islas: islas no)

Islands No

We are not islands (islands no –oceanic drops– islands
        alone: islands –wisps– alone
not –against the winds– islands –besieged: powder
crumbs– islands no)

No (we are not islands
        alone –exhalation– islands –flashes– disperse
alone islands
not –against the black storms– scattered
        islands no –drops: in oceans– islands
not isolated

We are not islands (besieged scraps –bites–
                                        /of powder: isolated
        islands –wisps– islands
        islands –strands– isolated islands alone islands
        islands –not– alone
        fenced islands –cornered: perhaps– against
                                        /the grey winds
but alone islands no)

Alone waves (Lost waves –waveislands– speckles: oceanic
whirls: yes but not islands

Swept –disperse: disconcerted– by the Hurricane
                        /(yes but not islands: islands no)

Vértigo
[Pero no islas, 2009]

Vivimos a la intemperie y no estoy seguro
De que sea –toda– nuestra culpa

      (toda: digo) Todo: continente
Y contenido (salvo nosotros: que miramos de dentro
                            /hacia fuera
        que habitamos este balcón sobre el inmenso
        frío: azul y blanco inhóspito vacío) Todo contra
                           /y ante nosotros

Continente y contenido de estrellas (a un tiempo: gentiles
                            /e indiferentes)

Es el vértigo de la desnudez: de sentirse –arrojado– vivo

Y haber nacido a la luz (a costa de la muerte)

Vertigo

We live in the elements and I´m not sure
That it is –all– our fault

      (all: I say) Every: continent
And content (except ourselves: that look from inside out
         that we inhabit this balcony above the immense
         cold: blue and white inhospitable void) Everything
                           /against and before us

Continent and content of stars (to a time: gentile
                              /and indifferent)

It is the vertigo of the nakedness: of feeling –thrown away–
                                   /alive

And to have been born in the light (at the cost of death)

Un río

A River

Un álamo inclinado
[*Grito y realidad, 2008*]

A la orilla hay un álamo inclinado (a primera vista
                                    /parece un herido
      que cae)
Tiene una rama tronchada
Y alguien ha arrancado con saña una lasca
De su corteza gris (ahora es ya una lívida cicatriz
            y un tumor perfila sus bordes: se parece más a un
                                    /ojal gigantesco
      que al cráter de un volcán)

También han escrito en su tronco declinante dos palabras
Una (con pintura verde) *Luna*...
Otra (a rotulador: la letra es infantil) *Near*...

A veces sin embargo cuando el sol está más alto
                              /y los rayos llegan
Hasta el fondo del caz
El agua es transparente y la corriente se parece a un río
Y la llanura
Al mundo y los hombres (por un brevísimo instante:
      también) a los hombres

Venceremos al tiempo (le digo entonces: pero
      no estoy seguro)

A Leaning Poplar

On the bank there is a leaning Poplar (at first glance
                                        /it appears a wound
        that falls)
It has a branch cut short
And someone has viciously ripped off a chip
Of its grey bark (now it's a livid scar
        and a tumor outlines its edges: it seems more a giant
                                        /button hole
        than a volcanos crater)

Also written in its trunk two words declining
One (with green paint) *Moon…*
Another (with marker: in a child's writing) *Near…*

Sometimes however when the sun is high and
                                        /the beams reach
To the back of the canal
The water is transparent and the flow seems a river
And the prairie
To the world and the men (for a brief instant:
        also) for men

We will beat time (I say then: but
        I'm not sure)

La poesía

Poetry

A Guihen De Peitieu
[Grito y realidad, 2008]

Y el primero de los trovadores dijo:
escribiré un poema sobre nada
         –palabra occitana–

Así es desde entonces nuestro arte:
un intento vano por atrapar
         –inútil y grosera urdimbre–
lo que no posee sentido
o acaso aquello que lo posee absolutamente
ciego discurso
del deseo

         Escribiré un poema sobre nada...
         de rosas que se marchitan
         de crepúsculos encendidos
         e inventaré una amada, señora de la noche:
         pálida
         como la luna
         blanca

To Guihen De Peitieu

And the first of the troubadours said:
I will write a poem about nothing
   – Occitanian word–

So it is since then our art:
a vain intent to catch
   –useless and rude intrigue–
that has no meaning
or perhaps that which has all
blind discourse
of desire

   I will write a poem about nothing…
   of roses that wither
   of glowing twilights
   and I will create a loved, lady of the night:
   pale
   as the white
   moon

Todos piensan que existe el silencio
[Grito y realidad, 2008]

A Jorge Riechmann

Todos (incluso los poetas) piensan que existe
El silencio pero no existe

En la naturaleza no hay
Silencio (el ser -lo que está vivo- no sólo
            refuta el vacío
            también el silencio)
Todo es rechinar
De dientes: dice la Escritura

Si se escucha con atención el silencio
De la naturaleza es
Un inacabable crujido

No hay silencio
Sólo crujido (¿oís?)
Y rechinar (escuchad bien
            el lamento)

All Think That Silence Exist

to Jorge Riechmann

All (even the poets) think that it exists
The silence but it doesn´t exist

In nature there is no
Silence (the being –which is alive– not only
        refutes the emptiness
        and also the silence)
All is grinding
Of teeth: say the Scriptures

If you listen with attention to silence
Of nature is
An endless squeak

There is no silence
Only squeaking (do you hear it?)
And grinding (listen good
        to the lament)

Todos los nombres
[Grito y realidad, 2008]

Quien busca la pregunta halla la respuesta
      (si lo consideramos) Se nos han asignado
Todos los nombres

      (si lo consideramos) Nos han anillado grabado
Y marcado a fuego casi todos los motes y denominaciones
De los brutos

De las bestias del campo
De las del mar (y de las del aire) Se nos conoce comúnmente
                        /por la función
Que desempeñamos
Y por el espacio que ocupamos

Nos han pegado al nombre de casi todas las cosas
                  /(hombre bala
      hombre máquina hombre escoba hombre
      hombre: incluso
      a la nada la absoluta ausencia de las cosas) pero no
                  /–aún– al nombre

Nos han llamado barro esclavos suela (mierda) esteras
Masa felpudos cero (a la izquierda:
preferentemente) Mulas mulos (burros con *b*) acémilas
Jamelgos machos
Capones bueyes lobos lobas hienas ratas
      (ratones) zorros zorras besugos merluzas
Merluzos buitres palomitos pichones cerdos
Cerdas marranos marranas siervos
Siervas cabrones putas (putos descamisados) obreros
                    /obreras
      (abejas) menestrales braceros proletarios

All the Names

Who searches for the questions finds the answer
        (if we consider it) We are assigned
All the names

        (if we consider it) We have been engraved
And marked by fire almost all the nicknames and
denominations
Of the uncultured

Of the beasts of the field
Of the sea (and of the air) We are known communally
                                /by the function
That we play
And by the space we occupy

They have stuck on us the names of almost all things
                                /(bullet man
machine man broom man
man man: even
of nothing of absolute absence of the things) but not
                                /–yet– the name

We have been called mud slaves soil (shit) mats
Dough doormats zero (to the left:
        preferably) Mules (donkeys with a D) packers
Macho hags
Capon oxen wolves hyenas rats
        (mice) foxes seabreams hakes
Vultures pidgins squabs pigs
Swine hogs boars servants
Servants assholes whores (shirtless fucks) workers
        (bees) artisans laborers proletarians

/peones productore

Operarios jornaleros jornaleras asalariados asalariadas
rústicos labriegos..

Todos los nombres pero –aún– no
El nombre

/pawns producers
Operators day laborers salary workers rustic farmhands…

All the names but –yet– not
The name

Desolación suspendida
[Pero no islas, 2009]

Globo lunar mudo frío testigo de la desolación
Más allá de las galerías (en otro universo exótico: intangible)
/De los azulejos
Dormidos y del sudor

Suspendido (blanco y helado: inmóvil) sobre los pasillos
Y las travesías

Nace y se expande la luz (apenas)

No hay tiempo (nunca lo hay
        si se trata de levantar la mirada y ver: o tocar
                        /la llaga irrefutable
        el rastro de lo casi vislumbrado)

Desmentido lo dicho (hasta ahora) Y refutadas
Las canciones mentirosas: mera pelota zarrapastrosa
Así colgada (blanca como la muerte) sobre el invisible alero
De lo absoluto oscuro…

Sin caer (jamás)

Te tocaré (te tocaré)

Suspended Desolation

Lunar balloon mute cold witness of desolation
Beyond the galleries (in another exotic universe: intangible)
                                                    /Of tiles
Sleeping and sweating

Suspended (white and frozen: immobile) above the hallways
And the passages

Is born and expands the light (barely)

There's no time(never is
          if it is about looking up and seeing: or touching
                                        /the irrefutable wound
          the face of the almost glimpsed)

Deny the stated (until now) And refuted
Lying songs: mere scruffy balls
So hung (white like death) above invisible eaves
Of absolute darkness

Without falling (ever)

I will touch you (I will touch you)

Mariposas y preferencias
[Pero no islas, 2009]

Qué prefieres tú ser
La mariposa cegada (que se empecina en la luz
        y muere...)

O el observador imparcial de la paradoja (la luz
        que ciega confunde y mata...)

...

Si se fundiese la bombilla...
Si la apagásemos...

Butterflies and Preferences

What do you prefer to be
The blind butterfly (that relentlessly goes into the light
          and dies…)
Or the impartial observer of the paradox (the light
          that blinds confuses and kills…)

..

And if the light went out…
And if only we turned it off…

Magia y palabras
[*Grito y realidad, 2008*]

Cuesta entenderlo pero querer no significa *hacer magia*
Ni dinero significa *varita mágica*

Hasta Ulises tuvo que reconocer que querer volver a casa
No significa que vuelvas a casa (y su fidelísimo perro Argos
/–en los veinte años
de espera– aprendió que querer morir no te garantiza
la muerte)

Hablamos (e inventamos incluso al otro: interlocutor
lo llamábamos) y simulamos
Que nos entendemos aunque –en realidad–
/nos desentendemos

En realidad creemos crear la realidad
Cuando hablamos (pero al otro lado no hay nadie
ni siquiera realidad suficiente)

Decir yo quiero
No supone que de verdad *quieras* o decir sentido
No previene la locura

Saber quién se es poco importa (tampoco que alguien sepa
que lo sabes: a quién le importa)

Hacer nos define y crea

Magic and Words

It is hard to understand but to love doesn´t mean
                                    /to make magic
nor does money mean *magic wand*

Even Ulysses had to recognize that wanting to go home
Didn´t mean that you return home (and his loyal dog Argus
                                    /–in the twenty years
        of waiting– learned that wanting to die didn´t
                                        /guarantee you
        death)

We talk (and even invent the other: interlocutor
        we were calling it) and we simulate
That we understand even though– in all reality– we don´t

In reality we believe to create reality
When we talk (but on the other side there is no one
        not even sufficient reality)

To say I love
Doesn´t suppose that truthfully you *love* or to say feelings
Doesn´t prevent madness

To know who one is means little (neither that
                                    /someone knows
        that you know: to who is it important)

To do defines and creates us

A los demás
[Pero no islas, 2009]

Hoy ha habido nuevos asesinatos…

Nada de lo que yo diga –o escriba– evitará ningún muerto
Ninguna lágrima (ni siquiera compensará la pérdida
/de una hora
extra sin pagar
y mucho menos de una jornada de interminable
e irritante despojo)

…

… pero *ese* no es –no era– el problema

To the Others

Today there have been nine murders…

Nothing that I say –or write–pensate for the loss of an hour
         of overtime without pay
         and much less a never ending working day
         or irritating dispossession)

…

         …but *that* isn't –wasn't– the problem

Poema descartado
[Pero no islas, 2009]

Lo peor del grito no es el grito en sí mismo
Sino que nadie lo escuche (o que coincida con la hora
del silencio)

Que no obtenga siquiera la recompensa
De lo inerte

El eco

Discarded Poem

The worst part of the scream isn't the scream itself
But that no one hears it (or that it coincides with the silent
        hour)

That it doesn't even get the reward
Of the inert

The echo

Trabajadores y héroes

Workers and Heroes

Nacimiento
[Pero no islas, 2009]

Vivirás todas las vidas...
Odiarás todos los odios...
Amarás todos los amores...
Pensarás todas las ideas...
Sufrirás todos los dolores...

Todas las vidas en una vida... (hasta que todos
/los amores amados
todas las vidas vividas y el odio y el sufrimiento
te agoten: y crezcas)

Birth

You will live all lives…
You will hate all hate…
You will love all love…
You will think all thoughts…
You will suffer all pains…

All lives in one life… (until all loved loves
        all the lived lives and the hate and the suffering
        wear you out and you grow)

Trabajadores desnudos
[Pero no islas, 2009]

Dicen que Adán y Eva nuestros padres fracasaron
Que de la serpiente tomaron –inocentes– la fruta del árbol
Del conocimiento
Y que por aquello fueron expulsados del Paraíso

Pero no es verdad
Al morder el fruto recibieron
        (de la serpiente: precisamente) el don prometido
De la evidencia

Y al mirarse no se vieron más como ángeles del Empíreo
        (que no eran)
Ni como dioses eternos
        (que no eran)
Ni como niños eternos
        (que no eran)
Ni siquiera como una afortunada pareja de clase media
(con un adosado
y un jardín trasero: que no habían pagado aún…)

Al contemplarse –sabios ya– sólo vieron a dos
                                        /trabajadores desnudos
        (lo que eran)

Literalmente: dolientes
Destinados a ganarse el pan (a vestirse
y a amarse) con el sudor de sus frentes
Sin magia
Sin milagros
Sin engaños

Literalmente: con el sudor de sus frentes

Naked Workers

They say that Adam and Eve our parents failed
That from the serpent they took –innocent– the fruit
/of the tree
Of knowledge
And that for that they were expelled from Paradise

But it´s not the truth
Upon biting the fruit they received
(from the serpent: precisely) the promised gift
Of the evidence

And upon looking they no longer saw themselves
/as Empyreal angels
(that they weren´t)
Nor as eternal gods
(that they weren´t)
Nor as eternal children
(that they weren´t)
Nor as even a fortunate middle class couple
(with a town house
and a backyard garden: that they still haven´t paid off…)

Upon contemplating themselves –wise now– they only saw
/two naked workers
(what they were)

Literally: sore
Destined to earn their bread (to dress themselves
and to love each other) with the sweat of their brows
Without magic
Without miracles
Without deceit

Literally: with the sweat of their brows

109

Presunciones erróneas de los esclavos
[Pero no islas, 2009]

A Galbraith

Ellos saben todo…
Ellos lo pueden todo…

…

Quién no ha escuchado el chispeo de los primeros copos
Secos
Sobre las hojas muertas…

Y su instantánea disolución en las negras aguas
De los charcos…

Quién no se ha agazapado bajo el oblicuo tronco
A mirar (en cuclillas) Y a escuchar…

Quien haya mirado…
Quien haya escuchado…

El mundo (los copos caer)

No tendrá miedo

…

Lo que parece muerto anuncia la vida

The Slaves' Erroneous Presumptions

To Galbraith

They know all…
They can do all…

…

They who haven't listened to the spark of the first flakes
Dry
On the dead leaves

And their instantaneous dissolution in the black waters
Of the puddles…

They who haven't squatted under the oblique trunk
To see (squatting) And to listen…

They who have seen…
They who have heard…

The world (the flakes fall)

Will not be afraid

…

That which resembles death announces life

Presunciones erróneas de los amos
[Pero no islas, 2009]

> *A mi abuelo asesinado (como tantos,*
> *Al doctor Joseph Ignace Guillotin*

Cederán siempre...
Callarán para siempre...

Recibirán el hacha en su cerviz sumisa
Desde siempre (para siempre: en silencio)

...

Debajo del tronco oblicuo (en cuclillas: mientras
        escucha y mira) Junto a la orilla
Y junto a los charcos de agua negra: se decide...

        (finalmente) No habrá conmiseración

...

Lo que se mueve –cae– hiende mecánicamente
(en realidad: se mueve –cae– hiende) Está muerto...

The Masters' Erroneous Presumptions

For my murdered grandfather (like so many)
To doctor Joseph Ignace Guillotin

They will always give in…
They will be quiet forever…

They will take the ax in their submissive cervix
Since always (forever: in silence)

…

Under the oblique trunk (squatting: while
         listening and watching) Next to the shore
And next to the puddles of black water: is decided…

         (finally) There will be no commiseration

…

That which moves –falls– cleaves mechanically
(in reality: moves –falls–cleaves) Is dead…

La sabiduría de los siervos I
[Del amor (de los amos) y del poder (de los esclavos), 2016]

> *anotaciones de un hombre en un árbol:*
> *… la insistencia frente a la desesperanza y el horror…*

¿y la fealdad…?
¿y la belleza…?
¿y el honor…?
¿y el bienestar poético…?
¿y el sufrimiento…?
¿y el placer…?

The Servants´ Wisdom I

annotations of a man in a tree:
…the insistence versus hopelessness and horror…

and the ugliness…?
and the beauty…?
and the honor…?
and the poetic wellbeing…?
and the suffering…?
and the pleasure…?

La sabiduría de los siervos II
[Del amor (de los amos) y del poder (de los esclavos), 2016]

(vida / mundo)

Un joven pregunta...

– *No hay misterio: el tiempo pasa sin más...* (le digo)

En la cordillera del Himalaya hay un doctor oftalmólogo que va por las aldeas en los valles más profundos y escondidos... los que no podían ver, gracias a él, verán... Una anciana que lleva varios años ciega le señala la nariz y él le dice que cuántos dedos ve; luego acaricia mansamente las mejillas a ese doctor desconocido que le ha devuelto la vista... entonces la medicina, el mundo, la vida y la gran cordillera adquieren sentido y todo queda justificado...

Escribo:
... luz blanca, pálida y limpia sobre la corteza blanca, pálida y limpia de los átomos en la tormenta de otoño...

Y no añadiría nada.
Excepto que esa luz blanca, pálida y limpia sólo pervive en mi retina y con suerte en alguno de vuestros recuerdos...

– *Olvidada luz blanca, pálida y limpia de una tarde de un otoño crucial de nuestras vidas...* (dice la vieja del gran Himalaya)

... con suerte, apenas... (añade: atenta al sendero de la fuente...)

The Servants´ Wisdom II

(life / world)

A youngster asks…

–*There is no mystery: time passes without more ado…* (I tell them)

In the Himalaya mountain range there is a doctor an ophthalmologist that goes through the villages in the profound and hidden valleys…those that couldn´t see, thanks to him, they will see… An old woman that has been blind for some years points to the nose and he tells her how many fingers do you see; later she caresses the chin of this unknown doctor that has returned to her her sight… then the medicine, the world, life and the great mountain range acquire a feeling and all is justified…

I write:
…*white, pale and clean light on the white crust, pale and cleanness of atoms in a fall storm…*

And I would not add anything
Except that this white and pale light only survives in my retina and with luck in some of our memories…

–*Forgotten white, pale light and cleanness of a fall afternoon crucial for our lives…* (says the old woman from the great Himalayas)

…*with luck, barely…* (she adds: attentive to the path on the spring…)

Versos de invierno

Winter´s Verses

El secreto de los veraneantes ciegos
[Versos de invierno: para un verano sin fin, 2014]

Insiste –bañista– mira fijamente
Al sol (pero sin bronceador ni protección)

Atrévete

A piel corazón descubiertos...

No apartes la vista (insiste con el dominical
      en la mano
        o con el vaso refrescante: pero sin protección)

Tal es el secreto que te espera

Insiste –veraneante– hasta la oscuridad...

Hasta la ceguera irremediable

Entonces –ya verás– habrás dejado de estar solo
Y el verano
      (el sol) Tendrá –por fin– sentido

Y te acompañarán (en ella: en esa cegadora
      cauterizante oscuridad) Aun sin que lo sospeches
Millones

The Blind Vacationers' Secret

Insist–swimmer–look closely
At the sun (but without sun screen or protection)

Dare to

With skin and heart bare…

Don´t stop staring (insist like the dominical
in the hand
or with the refreshing glass: but without protection)

Such is the secret that awaits you

Insist –vacationer– until darkness…

Until the irremediable blindness

Then –you will see– that you are no longer alone
And summer
(the sun) Will have –in the end– meaning

And they will accompany you (in it: in this blindness
cauterizing darkness) Even without you suspecting
Millions

Tormenta y arcoíris
[Versos de invierno: para un verano sin fin, 2014]

(en verano) Después de la tormenta aparece
/el arcoíris...

– ¿Y qué?

Ah
Que el horizonte se limpia y el aire se vuelve respirable...
Que todo huele a fresco y a tierra mojada
(y a resina: sí también a resina) A penetrante
Y balsámica resina...

Quizás

(sí tal vez sea así todo por un instante: limpio...)
No es suficiente

Storm and Rainbow

(in summer) After the storm the rainbow appears

– And so?

Oh
So the horizon clears and the air becomes breathable…
So all smells fresh and of wet ground
(and of resin: yes of resin) Of penetrating
And balsamic resin…

Maybe

(yes it might be as all for an instant: clean…)
It isn´t sufficient

Pasar el invierno no es lo peor
[Versos de invierno: para un verano sin fin, 2014]

(… es el final del otoño) La vida entera se dirige
/a su extinción
Definitivamente

(aunque) Quizás no todo esté tan claro: visto
/el asunto
Desde una terraza de verano…

— Es así en efecto y quien esté ya ciego lo sabe…

…

Es aún más duro el invierno: comprobar la lentitud de la
muerte…

/

— Y aguantar el barro y la lluvia…

(… lo dicen: en efecto) Es duro pasar el invierno
Y ser testigos del pesado transcurrir de lo acabado…

(mas) Esperar
Esperar a que llegue el verano es aún peor…

La esperanza del verano (ah la Esperanza…)

… y el doloroso cansancio de la espera:
/al fin para nada…

Going Through Winter Isn´t the Worst

(…it is the end of autumn) All life heads towards
/its extinction
Definitively

(even though) Maybe it is not so clear: seeing
the matter
From the summer terrace

–It is so in effect and even them who are blind
/know it…

…

It is even harder the winter: to prove the slowness of death…

– And with stand the mud and the rain…

(…they say: in effect) It is hard to go through winter
And be witness to the laden elapsed of the finished…

(but) To wait
To wait for the arriving summer is even worse…

The hope of summer (oh the Hope…)

… and the painful tiredness of waiting: in the end
/for nothing…

Fragmentos de un discurso amoroso

Fragments of a Discourse of Love

El reino de los cuerpos
[Grito y realidad, 2008]

Hoy hemos visto volar el águila
sobre nuestros cuerpos
yo cimbraba un tronco de haya joven
y tú acariciabas mis cabellos.

Recordábamos los días grises
y soñábamos los días grises
ausentes la pena y el sufrimiento.

Hoy hemos visto volar el águila
sobre nuestros cuerpos:
un fino retículo de renuevos
cuarteaba el azul –horizontal ramaje en flor–
que acariciaba mis cabellos.

Besos. Verticales. Caricias.

Dominio.
absoluto
de las águilas
de los cuerpos.

The Kingdom of the Bodies

Today we have seen the eagle fly
over our bodies
I was shaking a trunk of young haya
and you were caressing my hair.

We were remembering the grey days
and were dreaming of the grey days
without pain and suffering.

Today we have seen the eagle fly
over our bodies
a fine reticle of saplings
quartering the blue –horizontal branches in bloom–
that was caressing my hair.

Kisses. Vertical. Caresses.

Absolute
dominion
of the eagles
of the bodies.

Tú eres un dique frente a la negra laguna
[*Grito y realidad, 2008*]

> *Nous mettons l'infini dans l'amour.*
> *Ce n'est pas la faute des femmes.*
> Anatole France. Le Jardin d'Epicure

Llevo devanándome el juicio veintitantos años
Busco la palabra que te conviene: mujer luna
/madre resistente
Sierva (de amor) muchacha puta camarada
Hermana

Exactamente veintisiete años
Al fin la he encontrado: dique de la negra laguna

Sólo tú me separas (y resistes –una y otra vez– el empuje)
/de la inmensa
Negra vacía superficie: y el apabullante horizonte infinito
Denso putrefacto aceite bituminoso
De peces muertos (infectos) hediondos cadáveres
Irreconocibles
Mudo denso horizonte infinito
Del horror

(mientras en ella tú te ahogas)

You Are a Dam in Front of the Black Lagoon

> *Nous mettons l'infini dans l'amour.*
> *Ce n'est pas la faute des femmes.*
> Anatole France. Le Jardin d'Epicure

I have been unwinding from me the judgment for
                                    /twenty odd years
I search for the word that suits you: moon woman
                                    /resistant mother
(Love's) servant girl whore comrade
Sister

Exactly twenty years
Finally I have found it: dam of the black lagoon

Only you separate me (and resist –once and again– the push)
                                    /of the immense
Black empty surface: and the overwhelming infinite horizon
Dense putrid bituminous oil
Of dead fishes (insects) smelly cadavers
Unrecognizable
Deaf dense infinite horizon
Of horror

        (while in it you drown)

De la muerte a la muerte
[Del amor (de los amos) y del poder (de los esclavos), 2016]

De la muerte a la muerte

    (a través de la muerte) Milagrosamente:
                     /dicen algunos...

O por tormento: dicen otros...

Oscura y densamente
Vivos

Y contra todo pronóstico: a veces incluso amamos

    (...o eso decimos...)

From Death to Death

From death to death

  (through death) miraculously: some say…

Or by storms: others say…

Dark and densely
Living

And against all predictions: sometimes we even love

  (… or that´s what we say…)

Él / Ella
[Pero no islas, 2009]

Dónde: dices

No sé: en el cine (tal vez en mis sueños)

Dónde: dices

Eso dicen las historias (los poetas: tal vez los sueños)

Pero y si no fuesen más que mentiras
Seductoras
Y blandas (o peligrosas invenciones y destructivas
apuestas al acaso: como los poetas perezosos
o como los sueños mal soñados...)

Entonces habremos perdido lamentablemente
/nuestras vidas

He / She

Where: you say

I don't know: in the movies (maybe in my dreams)

Where: you say

They say that in stories (the poets: maybe the dreams)

But if it was only lies
Seductive
And soft (or dangerous and destructive inventions
        perhaps bets: like lazy poets
        or like dreams poorly dreamed…)

Then we will have regrettably lost our lives

Es mentira
[Del amor (de los amos) y del poder (de los esclavos), 2016]

> *... que no hay nada definitivo que el absoluto*
> *pesaría tanto que hundiría el suelo...*
> Bárbara Butragueño

Es mentira (lo sé: lo sabemos)

Es una vieja mentira urdida un día por poetas ociosos
Y envejecida como un brandy –en la oscuridad–
/durante siglos
Enteros

Lo sabemos (todos: lo sé) Y aun así mentira tan gastada
Rompería: hecha carne
El suelo
Del mundo con su peso

> ... se parece a un viejo tronco seco y astillado al que
> /le supura...
> ... el último depósito...
> ... de savia...

> ... savia *exasperada*: iba a escribir...
> ... savia *arrebatada*: escribo finalmente
> /(aún no sé por qué...)

It's a Lie

> *…that there is nothing definitive that the absolute*
> *would weigh so much that it would sink in the ground…*
> Bárbara Butragueño

It's a lie (I know it: we know it)

It's an old lie contrived one day by idle poets
And aged like brandy –in darkness– during whole
Centuries

We know it (all: I know it) And even so a very used lie
Would break: made flesh
The ground
Of the world with its weight

> …it seems an old slivered dry trunk that festers…
> …the last deposit…
> …of sap…

> …*exasperated* sap: I was going to write
> …*ruptured* sap: I write finally
> /(I don't know yet why…)

Amor sin contemplaciones
[Versos de invierno: para un verano sin fin, 2014]

Las cosas suceden así...

Un día uno (quizás confuso
       o cansado) se va y el otro
Espera

Pasa el tiempo y otro día el otro se va (quizás confuso
       o cansado también) y el uno
Espera

Y es que uno u otro (o ambos: a un tiempo) Saben
Sospechan en realidad que el regreso puede durar una vida
Entera...

O que tal vez –lo más probable– no haya jamás
                          /ningún regreso...

Y aun así deciden (al menos uno: o lo deciden ambos
       el uno y el otro) Esperar

Love Without Contemplations

The things happen so…

One day one (maybe confused
        or tired) leaves and the other
Waits

Time passes and another day the other leaves (maybe
                                                /confused
        or tired as well) and the one
Waits

And it's that one or the other (or both: for a time) Know
Suspect in all reality that the return can last a whole
Lifetime…

Or that maybe –chances are– there won't ever be a return…

And even so they decide (at least one: or they both decide
        the one and the other) to wait

Homenajes

Tributes

Un recuerdo de Rafael Alberti
(aún jóvenes los dos como el mundo)
[*Homenaje a Rafael Alberti, 2012*]

Fue en La Coruña una noche de verano
Era una terraza solitaria
Y tú
Rafael
Galanteabas a la Lozana andaluza…

Me acerqué y te dije: camarada es un placer…

Eras aún joven (yo también: recuerdo que aún conservaba
/las ilusiones
de los jóvenes camaradas) Hacía poco
Que habías vuelto a nosotros y todos éramos jóvenes –creo–
/ entonces.

Dios
Qué viejos somos todos ya… (qué viejo es todo ya: moriste
a tiempo camarada…)

…

… pero entonces tú eras joven…
… y yo era joven…
… y el mundo entero era joven y todo estaba
/por llegar…

… incluso la felicidad…
… y si me apuras hasta el Socialismo…

Qué viejos somos todos ya…

Fue en La Coruña en una terraza solitaria
Y requebrabas a la Lozana andaluza…

A Memory of Rafael Alberti
(Both Still Young as The World)

It was in La Coruña a summers night
It was a solitary terrace
And you
Rafael
Gallant as an Andalusian Lozana

I came close and said to you: comrade it is a pleasure...

You were still young (me too: I remember that you still
                              / conserved the illusions
      of the young comrades) Little ago
You had come back to us and we were young –I believe–
                                          /then.

God
How old we all are now... (how old is everything now: you
died
      on time comrade...)

      ...

      ...but then you were young...
      ...and I was young...
      ...and the whole world was young and all was
                                          /coming...

      ...including happiness...
      ...and if you press me even Socialism...

How old we all are now...

It was in La Coruña in a solitary terrace
And you were flirting with The Andalusian Lozana

Pero levantaste la vista y tomaste el programa de mano
/que te tendí
Con la ilusión de un joven camarada
En un mundo joven aún…

Y me dijiste: siéntate un momento no temas no molestas…
Y escribiste: … *a mi joven camarada*…

Y luego dibujaste una hoz y un martillo…

    … al modo de Alberti: pensé…

Dios
Qué jóvenes éramos…
Y qué joven era el mundo…

Camarada

Moriste a tiempo…
No me has visto envejecer…

    … si te digo la verdad no sé qué ha pasado
/con mi juventud…
    … ni con la juventud del mundo…

Tuviste suerte
Moriste joven y no has visto envejecer al mundo.

But you looked up and took nthe program from the hand
/I was holding out
With the illusion of a young comrade
In a still young world…

And you told me: sit a moment don´t worry you´re not
/a bother…
And you wrote:… to my young comrade…

And after you drew a sickle and a hammer…

…in Alberti style: I thought

God
How young we were…
And how young was the world

Comrade

You died on time…
You haven´t seen me get old…

…if I tell you the truth I don´t know what
/has happened with my youth…
…nor with the youth of the world…

You were lucky
You died young and haven´t seen the world grow old.

Petición de disculpas a Miguel Hernández (ahora que vamos a matarlo por segunda y definitiva vez)
[Homenaje a Miguel Hernández, 2010]

Lamento y confesión

Hace unos años: hermano Miguel –o camarada Hernández:
/a ti sí puedo
llamarte hermano y camarada– escribí
/un breve poema
Pensando en el olvido y en el tiempo…

…

UN NOMBRE OLVIDADO (lo titulé y publicado está…)

Colegio Público "Miguel Hernández".

....

Pasa el tiempo –me digo– por encima de los nombres
y abate todos los rostros
y se gastan como las piedras -a pesar del arte
o de la verdad-
o de la muerte: dadora de olvido y corrupción…

…

Qué imbécil fui: me olvidé del negocio
Y de nuestra memoria conmemorativa…

Conmemoramos cualquier cosa (hermano Miguel:
/ camarada Hernández…)
Nos hemos convertido en aves de efemérides
Nos da igual la pitanza: ¿sabes?

Asking for Forgiveness of Miguel Hernandez (Now That We Are Going to Kill Him for a Second and Defenitive Time)
[*Tribute to Miguel Hernández, 2010*]

Lament and confession

Some years ago: brother Miguel –or comrade Hernández:
/to you if I can
call you brother and comrade– I wrote a brief poem
Thinking on the oblivion and on time…

…

A FORGOTTEN MAN (I titled it and published it…)

Public School "Miguel Hernández"

…………………………………...

Time passes –I tell myself– above the names
and demolishes all the faces
and they are consumed like rocks –despite the art
or the truth–
or death: giver of oblivion and corruption…

…

What a fool I was: I forgot the business
And our commemorative memory…

We commemorate anything (brother Miguel: comrade
Hernández…)
We have become birds of ephemeris
We don't care about the crumbs you know?

Ya todo nos da igual (en realidad) Salvo el negocio...

Por eso (en tu año centenario) Perdona: hermano Miguel...
Camarada Hernández...

Mi imbecilidad: lo primero

Y disculpa a tus camaradas (y a los poetas
/bien intencionados...)
Que con tan buena intención van a ayudar a tus enemigos
A matarte (por segunda y definitiva vez: hermano Miguel...)

Camarada Hernández...

Maldice –por mí: conmigo– desde tu tumba a los mercaderes
A los académicos
A los profesores
A los tribunos de sí mismos
A los ignorantes
A los incautos...

No tengas en cuenta a tu familia
Ni a tus paisanos: son los mismos (no han cambiado...)

Hermano Miguel...

Maldíceme también a mí: conmigo...

Y excusa –si puedes– este poema a tu costa (no el primero:
/ese sobre el olvido
y el tiempo: ese no...) Y perdónanos
En tu segunda y definitiva muerte: si nos escuchas...

Now everything means nothing (in reality)
                                        /Save the business…

For this (in your centennial year) Forgive: brother Miguel…
Comrade Hernández…

My foolishness: first

And forgive your comrades (and the good
                                        /intentioned poets…)
That with such good intentions are going to help
                                        /your enemies
To kill you (a second and definitive time: brother Miguel…)

Comrade Hernández…

Curse –for me– from your tomb the merchants
The academics
The professors
The tribunes if themselves
The ignorant
The unwary

Don´t consider your family
Nor your countrymen: they are the same
                                        /(they haven´t changed…)

Brother Miguel…

Curse me as well: with me…

And excuse –if you can– this poem at your cost
                                        /(not the first: about oblivion
        and time: that no…) And forgive us
In your second and definitive death: if you hear us…

Antes de la fractura
[65 salvocheas, 2011]

A Fermín Salvochea / anarquista, santo y gaditano

Antes de la gran fractura hubo un sueño
Común

El de los derrotados…
El de los vencidos…
El de los derrotados vencidos…
El de los derrotados que se resistían a ser vencidos…

     (e incluso) El de los vencedores realmente vencidos
Aunque no lo supieran

De ese tiempo vienes y desde ese tiempo
Nos contemplas: hermano (y desde el peñón de Vélez
                      /y el destierro)

A distancia cálida y cercana

Y aquí estamos ya fracturados (aún: a pesar de las victorias
        y a pesar de las derrotas
        y a pesar del mutuo estéril exterminio: a menudo…)

Aquí estamos: unos pocos
Sí
O tal vez muchos
Evocando el día del sueño común (y anticipándolo…)

        … el de los derrotados…
        … el de los vencidos…
        …. el de los derrotados vencidos…
        … el de los derrotados que se resisten aún a darse
                    /por vencidos…

Before the Fracture

To Fermin Salvochea / anarchist, saint and from Cadiz

Before the great fracture there was a dream
Common

That of the defeated…
That of the beaten…
That of the defeated beaten…
That of the defeated that resisted being beaten…

      (and even) That of the winners truly beaten
Even though they didn´t know it

From that time you come and since that time
You contemplate us: brother (from Mont Velez and
                        /the desert)

A warm and close distance

And here we are fractured (even: despite the victories
      and despite the losses
      and despite the mutual sterile extermination:
                        /often…)

Here we are: a few
Yes
Or maybe many
Evoking the day of the common dream (and anticipating
it…)

      … that of the defeated…
      …that of the beaten…
      …that of the defeated beaten…
      …that of the defeated that resisted being beaten…

151

(e incluso) El de los vencedores realmente vencidos
Aunque no lo sepan

Salud
Hermano
Bendícenos con la cordura y la santa ira…

(and even) That of the winners truly beaten
Even though they don´t know it

Cheers
Brother
Bless us with sanity and holy rage…

Muros más altos
[Grito y realidad, 2008]

A todos los que –hoy: al fin– se levantan
y andan

Muros más altos levantaréis y no impediréis arribar
A las nubes que llegan del mar
Como buques cargados de sueños

Ni ocultar el despertar de los durmientes
Que se desperezan
Que miran y sienten apenas el deseo de la lluvia

Taller Walls

To all those —today: in the end— who stand
and walk

Taller walls you will raise and you won't impede the arrival
Of the clouds that come from the sea
Like dream loaded ships

Nor hide the awakening of the sleeping
that stretch
that look and barely feel the desire of the rain

Deseo

Desire

Querría haber sido Leonard Cohen
[Del amor (de los amos) y del poder (de los esclavos), 2016]

… primero me lo contaron…
… luego lo vi / lo he visto decenas de veces…

Sí: querría haber sido / ser Leonard Cohen en
/la Isla de Wight

En el verano del setenta…
Cuando impuso silencio al caos
Cuando solo tenía su voz
Y la música para hacerlo…

…

… naciste tarde y te falta la música…

I Would Have Wanted to Be Leonard Cohen

… first they told me
… after I saw / I have seen him a dozen times…

Yes: I would have wanted to be / to be Leonard Cohen in
/Wight's island

In the summer of the seventies…
When silence was imposed on the chaos
When there was only his voice
And the music to do it…

…

… you were born late and you lack the music…

.

www.ingramcontent.com/pod-product-compliance
Lightning Source LLC
Chambersburg PA
CBHW021234090426
42740CB00006B/533